Scots Poems for Children

Anne Forsyth
is the author of over twenty popular
children's books. She is a regular writer for
the BBC and has been involved for many
years with the production of local Talking
Newspapers. She lives in St Andrews.

SCOTS POEMS FOR CHILDREN
AN ANTHOLOGY
edited by Anne Forsyth

With illustrations by
Sheila Cant

MERCAT PRESS
EDINBURGH

First published in 2001 by Mercat Press
53 South Bridge, Edinburgh EH1 1YS
www.mercatpress.com

ISBN 184183 0240

Typeset in Palatino at Mercat Press
Printed and bound in Great Britain by
Bell & Bain Ltd, Glasgow

CONTENTS

Acknowledgements

The editor and publishers wish to thank the following for permission to use copyright material. Every effort has been made to secure permission prior to publication. If any permissions have been omitted, the editor and publishers will be pleased to put this right at the first opportunity.

The Trustees of the National Library of Scotland for 'It flees and yet it is nae bird', 'I jabber like's I said a grace' and 'The Tattie Bogle' by William Soutar; Alloway Publishing for 'Wully Wagtail' and 'A-Leary!' by Sandy Thomas Ross; The Scottish National Dictionary Association Limited for 'Tammie Tit', 'Rain' and 'Ferm Toun' by J. K. Annand; Mr A. C. Hunter for 'Beasties' by Helen B.Cruickshank; Mr David Abenheimer for 'Speerin' by Willa Muir; Brown, Son and Ferguson Ltd. for 'In the Days of Nebuchadnezzar' and 'The Lamplichter' by W. D. Cocker; The Charles Murray Memorial Fund for 'The Whistle' by Charles Murray; Stephen Mulrine for 'The Coming of the Wee Malkies': Rona Wilkie, Maeve Gilchrist and Katie Dunn for permission to use their poems.

The editor would also like to acknowledge with thanks the help given by the staff of the Scottish Poetry Library and Kirkwall Library, Orkney.

INTRODUCTION

This is a very personal choice–maybe I have missed out some of your own favourite poems. But I have tried to gather together traditional nursery rhymes and riddles, poems of long ago, poems of the countryside, poems about people, and many verses which show the richness and vigour of our Scots language. Some poems are centuries old and have no identifiable author; others, like those by young writers, are very much of today. There are verses from all over Scotland, and a number that have never been published before. I hope you will enjoy reading these poems as much as I've enjoyed collecting them.

Anne Forsyth

1

NURSERY RHYMES

THE ROBIN CAM TO THE WREN'S NEST

The Robin cam to the wren's nest
And keekit in, and keekit in:
'O weel's me on your auld pow
Wad ye be in, wad ye be in?
For ye sall never lie without
And me within, and me within,
As lang's I hae an auld clout
To row you in, to row you in.'

WEE CHOOKIE BIRDIE

Wee chookie birdie,
Toll -oll -oll,
Laid an egg
On the windy sole.

The windy sole
Began tae crack;
Wee chookie birdie
Roared and grat.

A CAT CAM FIDDLIN

A cat cam fiddlin
Oot o a barn,
Wi a pair o bagpipes
Under her arm.

She cud sing naethin but
'Fiddle cum fee,
The moose has mairrit
The bumble bee.'

Pipe cat,
Dance moose,
We'll hae a waddin
At oor guid hoose.

NIEVIE, NIEVIE, NICK, NACK

Nievie, nievie, nick, nack,
Which haun will ye tak?
The richt, or the wrang?
I'll beguile ye gin I can.

I'll tak this,
I'll tak that.
I'll tak nievie, nievie,
Nick, nack.

DANCE TAE YER DADDY

Dance tae yer daddy,
Ma bonnie laddie,
Dance tae yer daddy, ma bonnie lamb!
An ye'll get a fishie
In a little dishie,
Ye'll get a fishie, whan the boat comes hame.

Dance tae yer daddy,
Ma bonnie laddie,
Dance tae yer daddy, ma bonnie lamb!
An ye'll get a coatie,
An a pair o' breekies,
Ye'll get a whippie, an a soople Tam.

SAW YE EPPIE MARLY, HONEY

Saw ye Eppie Marly, honey
The wife that sells the barley, honey?
She's lost her pocket an a' her money,
Wi followin Jacobite Charlie, honey.

Eppie Marly's turned sae fine,
She'll no gang oot tae herd the swine,
But lies in bed till echt or nine,
An winna come doon the stairs tae dine.

THIS IS THE WYE THE LEDDIES RIDE

This is the wye the leddies ride
Jimp an sma, jimp an sma;
This is the wye the gentlemen ride,
Spurs an a, spurs an a;
This is the wye the cadgers ride,
Creels an a, creels an a.

BABBITY BOWSTER

Wha learned you to dance,
Babbity Bowster, Babbity Bowster?
Wha learned you to dance,
Babbity Bowster, brawly?

My minny learned me to dance,
Babbity Bowster, Babbity Bowster,
My minny learned me to dance,
Babbity Bowster, brawly.

Wha gae you the keys to keep,
Babbity Bowster, Babbity Bowster?
Wha gae you the keys to keep,
Babbity Bowster, brawly?

My minny gae me the keys to keep,
Babbity Bowster, Babbity Bowster,
My minny gae me the keys to keep,
Babbity Bowster, brawly.

CLYPIE, CLYPIE, CLASH-PIE

Clypie, clypie, clash-pie!
Sit on a tree;
Ding doon aipples,
Een, twa, three!

KIRSTY, KIRSTY, KRINGLIK

Kirsty, kirsty, kringlik
Gae me nieve a tinglik.
What shall ye
For supper ha'e?
Deer, sheer, bret an' smeer,
Minchmeat sma' or nane ava?
Kirsty kringlik rin awa'.

(A very old rhyme from Orkney)

BAA THE BAIRNS O' BAETUN

Baa the bairns o' Baetun,
For minno's awa' tae Saetun;
For tae pluck an' for tae poo–
An' for tae gaither lambs' oo–
An' for tae buy a bull's skin,
Tae baa the bairns o' Baetun in.

(An Orkney version of the old rhyme,
'Baby Bunting')

2
RIDDLES

Arthur o' Bower has broken his bands,
And he's come roaring owre the lands;
The king o' Scots and a' his power
Canna turn Arthur o' Bower.

(The wind)

It flees and yet it is nae bird:
   It routs but is nae beast;
It dunts itsel' wi' monie a dird
   Afore it can win past.
It gangs owre water and owre muir:
   It haiks the heichest hill;
But wha wud ken that it is there
   Gin it stand gey and still.

(The wind)
William Soutar

I jabber like's I said a grace,
My two hands gether'd owre my face;
Yet naebody wha comes and speers
Maks onie sense o' what he hears.
But I speak true for auld and young,
Though never wi' my claikin' tongue;
And yet my news were nocht but havers
Shud I gie owre my clish-ma-claivers.

(A clock)
William Soutar

Three cats in a wunnock sat,
And every cat aside her had twa;
How mony cats, noo, tae a cat
On that wunnock sat and nyurd awa?

(Three cats)

Pease-porridge hot, pease-porridge cold,
Pease-porridge in a caup, nine days old.
  Tell me that in four letters.

(T, H, A, T.)

There's a wee wee hoose,
And it's fu o' meat;
But neither door nor window
Will let ye in to eat?

(An egg)

Come a riddle, come a riddle,
Come a rot-tot-tot;
A wee, wee man,
Wi a red, red coat;
A staff in his hand,
A stane in his throat?

(A cherry)

3
BIRDS & BEASTS

THREE CRAWS

Three craws sat upon a wa,
Sat upon a wa, sat upon a wa,
Three craws sat upon a wa,
On a cauld and frosty mornin.

The first craw was greetin for his maw,
Greetin for his maw, greetin for his maw,
The first craw was greetin for his maw,
On a cauld and frosty mornin.

The second craw fell and brak his jaw,
Fell and brak his jaw, fell and brak his jaw,
The second craw fell and brak his jaw,
On a cauld and frosty mornin.

The third craw couldnae caw at a,
Couldnae caw at a, couldnae caw at a,
The third craw couldnae caw at a,
On a cauld and frosty mornin.

An that's a, absolutely a,
Absolutely a, absolutely a,
An that's a, absolutely a,
On a cauld and frosty mornin.

WULLY WAGTAIL

Wully Wagtail ower the Linn,
Whaur the watter's rinnin thin,
Deuk an dance the rocks amang,
Happy as the day is lang.

Wully Wagtail doun the Pool,
Whaur the watter's rinnin full,
Flichterin here an flichterin there,
Without a thocht o' dule or care.

Wully Wagtail in the Schaw,
Whaur the watter's rinnin slaw,
Bobbin on a mossy stane,
Your lichtsome heart ye weel suid hane.

Wully o' the Watterside,
May ye aye wi joy abide,
Ne'er may sorrow dim your ee,
May we learn tae live like thee.

Sandy Thomas Ross

TAMMIE TIT

Tammie Tit, Tammie Tit,
Come and pree our cokynit.
The speugs and stirlins owre there
Can eat the breid and siclike fare.
But ye're our favourite bird and sae
We bring you denties ilka day.
We fill the shell wi denty bits,
Eneuch to feed a dizzen tits.
There's nits and fat and cheese and seeds
And aathing that an oxee needs,
Sae come and see us gif ye please,
And while ye're swinging in the breeze
Juist pyke awa and eat your share
And come again the morn for mair.

J. K. Annand

THE HORNIE-GOLOCH

The hornie-goloch is an awesome beast,
Soople an scaly;
It has twa horns, an a hantle o' feet,
An a forkie tailie.

SONNET
To a Pug

O lovely O most charming pug
Thy gracefull air & heavenly mu[g]
The beauties of his mind do shine
And every bit is shaped so fine
Your very tail is most devine
Your teeth is whiter then the snow
Yor are a great buck & a bow
Your eyes are of so fine a shape
More like a christains then an ape
His cheeks is like the roses blume
Your hair is like the ravens plume
His noses cast is of the roman
He is a very pretty weomen
I could not get a rhyme for roman
And was oblidged to call it weoman

Marjory Fleming

(Marjory Fleming was a remarkable child, who was born in Kirkcaldy in 1803 and died in 1811. She was taught by an older cousin who encouraged her to keep a journal to improve her spelling and writing. Marjory's diaries, letters and poems have been re-printed: they show her lively imagination, sense of humour and her rare gift for words.

See also 'An Adress [Address] to my Father', page 62.)

THE LADYBIRD

Leddy, Leddy Landers,
Leddy, Leddy Landers,
Tak up yer coats aboot yer heid,
An flee awa tae Flanders.

BEASTIES

Clok-leddy, clok-leddy,
  Flee awa' hame,
Your lum's in a lowe,
  Your bairns in a flame;
Reid-spottit jeckit,
  An' polished black e'e,
Land on my luif, an' bring
  Siller tae me!

Ettercap, ettercap,
  Spinnin' your threid,
Midges for denner an'
  Flees for your breid;

25

Sic a mischanter
　　Befell a bluebottle,
Silk roond his feet–
　　Your hand at his throttle!

Moudiewarp, moudiewarp,
　　Howkin' an' scartin',
Tweed winna plaise ye,
　　Nor yet the braw tartan.
Silk winna suit ye,
　　Naither will cotton,
Naething, my lord, but the
　　Velvet ye've gotten.

Helen B. Cruickshank

TO A MOUSE

Wee, sleekit, cowrin, tim'rous beastie,
O, what a panic's in thy breastie!
Thou needna start awa sae hasty
       Wi' bickering brattle!
I wad be laith to rin an' chase thee,
       Wi' murdering pattle!

I'm truly sorry man's dominion
Has broken Nature's social union,
An' justifies that ill opinion
       Which makes thee startle
At me, thy poor, earth-born companion
       An' fellow mortal!

I doubt na, whyles, but thou may thieve;
What then? poor beastie, thou maun live!
A daimen icker in a thrave
       'S a sma' request;
I'll get a blessin wi' the lave,
       An' never miss't!

Thy wee-bit housie, too, in ruin!
Its silly wa's the win's are strewin!
An' naething, now, to big a new ane,
       O' foggage green!
An' bleak December's win's ensuin,
       Baith snell an' keen!

Thou saw the fields laid bare an' waste,
An' weary winter comin fast,
An' cozie here, beneath the blast,
       Thou thought to dwell,
Till crash! the cruel coulter past
       Out thro' thy cell.

That wee bit heap o' leaves an' stibble,
Has cost thee monie a weary nibble!
Now thou's turned out, for a' thy trouble,
       But house or hald,
To thole the winter's sleety dribble,
       An' cranreuch cauld!

But Mousie, thou art no thy lane,
In proving foresight may be vain:
The best-laid schemes o' mice an' men
       Gang aft agley,
An' lea'e us nought but grief an' pain,
       For promis'd joy!

Still thou art blest, compared wi' me!
The present only toucheth thee:
But och! I backward cast my e'e,
       On prospects drear!
An' forward, tho' I canna see,
       I guess an' fear!

Robert Burns

THE SECEDER CAT

There was an auld Seceder cat
And she was unca grey.
She brocht a moose intae the hoose
Upon the Sabbath day.

MY HOGGIE

What will I do gin my hoggie die?
  My joy, my pride, my hoggie!
My only beast, I had nae mae,
  And vow but I was vogie!
The lee-lang night we watched the fauld,
  Me and my faithfu' doggie;
We heard nocht but the roaring linn
  Amang the braes sae scroggie.

But the houlet cry'd frae the castle wa',
  The blitter frae the boggie,
The tod reply'd upon the hill:
  I trembled for my hoggie.
When day did daw, and cocks did craw,
  The morning it was foggie,
An unco tyke lap o'er the dyke,
  And maist has kill'd my hoggie!

  Robert Burns

THE FAMOUS TAY WHALE

'Twas in the month of December, and in the
  year 1883,
That a monster whale came to Dundee,
Resolved for a few days to sport and play,
And devour the small fishes in the silvery Tay.

So the monster whale did sport and play
Among the innocent little fishes in the beauti-
  ful Tay,
Until he was seen by some men one day,
And they resolved to catch him without delay.

When it came to be known a whale was seen
  in the Tay,
Some men began to talk and to say,
We must try and catch this monster of a
  whale,
So come on, brave boys, and never say fail.

Then the people together in crowds did run,
Resolved to capture the whale and to have
  some fun!
So small boats were launched on the silvery
  Tay,
While the monster of the deep did sport and
  play.

Oh! it was a most fearful and beautiful sight,
To see it lashing the water with its tail all its
  might,

And making the water ascend like a shower
  of hail.
With one lash of its ugly and mighty tail.

Then the water did descend on the men in the
  boats,
Which wet their trousers and also their
  coats;
But it only made them the more determined
  to catch the whale,
But the whale shook at them his tail.

Then the whale began to puff and to blow,
While the men and the boats after him did
  go,
Armed well with harpoons for the fray,
Which they fired at him without dismay.

And they laughed and grinned just like wild
  baboons,
While they fired at him their sharp harpoons:
But when struck with the harpoons he dived
  below,
Which filled his pursuers' hearts with woe:

Because they guessed they had lost a prize,
Which caused the tears to well up in their
  eyes;
And in that their anticipations were only
  right,
Because he sped on to Stonehaven with all his
  might:

And was first seen by the crew of a Gourdon
  fishing boat,
Which they thought was a big coble upturned
  afloat;
But when they drew near they saw it was a
  whale,
So they resolved to tow it ashore without fail.

So they got a rope from each boat tied round his
  tail,
And landed their burden at Stonehaven with-
  out fail;
And when the people saw it their voices they did
  raise,
Declaring that the brave fishermen deserved
  great praise.

And my opinion is that God sent the whale in
  time of need,
No matter what other people may think or
  what is their creed;
I know fishermen in general are often very
  poor,
And God in His goodness sent it drive
  poverty from their door.

So Mr John Wood has bought it for two hun-
  dred and twenty-six pound,
And has brought it to Dundee all safe and all
  sound;
Which measures 40 feet in length from the
  snout to the tail,

So I advise the people far and near to see it
  without fail.

Then hurrah! for the mighty monster whale,
Which has got 17 feet 4 inches from tip to tip
  of a tail!
Which can be seen for a sixpence or a shilling,
That is to say, if the people all are willing.

William McGonagall

(William McGonagall (1830-1902) has been affection-
ately described as 'the greatest Bad Verse writer of his
age'. A Dundee weaver, he was well known in the city
as a reciter of his own doggerel. Many of his 'Poetic
Gems' were written to mark great events, and these
verses are still read and enjoyed today, more than a
hundred years since McGonagall sold them for a penny
each in the streets of Dundee.)

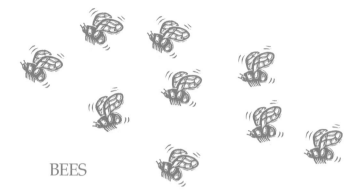

BEES

The todler tyke has a very guid byke
And sae has the gairy bee;
But leese me on the little red-doup,
Wha bears awa' the grie.

OUT OF DOORS

HAILSTANES

Rainie, Rainie rattlestanes,
Dinna rain on me;
Rain on John o' Groat's hoose,
Faur ower the sea.

RAIN

Rain-draps, rain-draps,
Stottin aff stanes,
Grannie tellt us ye wad come,
She felt it in her banes.

Rain-draps, rain-draps,
Skytin aff sclates,
Getherin in your millions till
The burns rowe doun in spates.

Rain-draps, rain-draps,
Batterin on the pane,
Bash yersels to smithereens
And dinna come again.

J. K. Annand

FERM TOUN

Hens keckle, cocks craw,
The cat sleeps on the midden waa.
The cowt nichers, kye moo,
The fermer mends a broken ploo.
Deuks quack, a choukie cheeps,
The orraman is cairtin neeps.
Grice grumph, the cuddie brays,
The fermer's wife is drying claes.

J. K. Annand

THE TATTIE-BOGLE

The tattie-bogle wags its airms:
Caw! Caw! Caw!
It hasna onie banes or thairms:
Caw! Caw! Caw!

We corbies wha hae taken tent,
An' wamphl'd roond, an' glower'd asklent,
Noo gang hame lauchin owre the bent:
Caw! Caw! Caw!

William Soutar

KITES

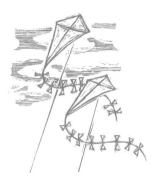

See them joukin'
See them jinkin'
Hoo they skiff an' rin.

See them whurlin'
See them pirlin'
Jiggin' in the win'.

See them tirlin'
See them birlin'
Sailin' through the air.

See them whummlin'
See them tummlin'
Doon tae earth aince mair.

I DINNA LIKE THE MIDGE

I dinna like the midge at a',
It mak's ye scart, it mak's ye claw.
I dinna like the midge.

The wickit waasp I dinna like,
Ye see it bizzin' oot its byke.
I dinna like the waasp.

I dinna mind the skeppie bee,
It gies ye honey for yer tea.
I like the skeppie bee.

I kinna like the wyver tae,
It's busy spinnin' wabs a' day.
I like the wyver tae.

SCHULE IN JUNE

There's no a clood in the sky,
The hill's clear as can be,
An' the broon road's windin' ower it,
But–no for me!

It's June, wi' a splurge o' colour
In glen an' on hill,
An' it's me wad be lyin' up yonner,
But then–there's the schule.

There's a wude wi' a burn rinnin' through it,
Caller an' cool,
Whaur the sun splashes licht on the bracken
An' dapples the pool.

There's a sang in the soon' o' the watter,
Sang sighs in the air,
An' the worl' disnae maitter a docken
To yin that's up there.

A hop an' a step frae the windie,
Just fower mile awa',
An' I could be lyin' there thinkin'
O' naething ava'.

Ay!–the schule is a winnerfu' place,
Gin ye tak it a' roon,
An' I've no objection to lessons,
Whiles–but in June?

Robert Bain

41

SPEERIN'

Lyin' on a hillside
Wi' heather to my chin,
I speered at a' the wee things
Gaein' oot an' in:
Wee things, near things,
We're livin' a' thegither,
Me an ants an' forkytails
Doon in the heather.

Syne on a grassy brae
Amang the carle doddies
I speered in the gloamin'
At the heavenly bodies:
Big things, far things,
Stars an' suns by dozens,
We're a' gaein' the same road,
We're a' cater-cousins.

Willa Muir

GAMES & FESTIVALS

MERRY-MA-TANZIE

Here we go the jingo-ring,
The jingo-ring, the jingo-ring,
Here we go the jingo-ring,
About the merry-ma-tanzie.

YULE'S COME

Yule's come, and Yule's gane,
And we hae feasted weel;
Sae Jock maun to his flail again
And Jenny to her wheel.

RISE UP, GUIDWIFE, AN SHAK YER FEATHERS

Rise up, guidwife, an shak yer feathers,
An dinna think that we are beggars;
We are but bairnies come tae play,
Rise up an gie's oor Hogmanay.
Oor feet's caul, oor shin's thin
Gie us a piece, an lat us rin!

CANDLEMAS

If Candlemas-day be dry and fair,
The half o' winter's to come and mair;
If Candlemas-day be wet and foul,
The half o' winter's gane at Yule.

(*Candlemas Day is 2 February*)

THE DATE OF EASTER

First comes Candlemas,
An syne the new meen,
The first Tuesday aifter that
Is Fastern's Een.
That meen oot,
An' the neist meen's hicht,
An the first Sunday aifter that
Is Pess richt.

HALLOWE'EN

Tell a story,
Sing a sang;
Dae a dance,
Or oot ye gang.

6
FOLK

SIR PATRICK SPENS

The King sits in Dunfermline town,
Drinking the blude-red wine;
'O whare will I get a skeely skipper,
To sail this new ship of mine?'

O up and spake an eldern knight,
Sat at the king's right knee:
'Sir Patrick Spens is the best sailor,
That ever sailed the sea.'

Our king has written a braid letter,
And seal'd it with his hand,
And sent it to Sir Patrick Spens,
Was walking on the strand.

'To Noroway, to Noroway,
To Noroway o'er the faem;
The King's daughter of Noroway,
'Tis thou maun bring her hame.'

The first word that Sir Patrick read,
Sae loud loud laughèd he;
The neist word that Sir Patrick read,
The tear blinded his ee.

'O wha is this has done this deed,
And tauld the King o' me,
To send us out, at this time of the year,
To sail upon the sea?

'Be it wind, be it weet, be it hail, be it sleet,
Our ship must sail the faem;
The King's daughter of Noroway,
'Tis we must fetch her hame.'

They hoysed their sails on Monenday morn
Wi' a' the speed they may;
They hae landed in Noroway
Upon a Wodensday.

They hadna been a week, a week,
In Noroway, but twae,
When that the lords o' Noroway
Began aloud to say:

'Ye Scottish men spend a' our King's goud,
And a' our Queenis fee.'
'Ye lie, ye lie, ye liars loud
Fu' loud I hear ye lie;

'For I brought as much white monie,
As gane my men and me,
And I brought a half-fou o' gude red goud,
Out o'er the sea wi' me.

'Make ready, make ready, my merry men a'!
Our gude ship sails the morn.'
'Now, ever alake, my master dear,
I fear a deadly storm!

'I saw the new moon, late yestreen,
Wi' the auld moon in her arm;

And if we gang to sea, master,
I fear we'll come to harm.'

They hadna sail'd a league, a league,
A league but barely three,
When the lift grew dark, and the wind blew
  loud,
And gurly grew the sea.

The ankers brak, and the topmasts lap,
It was sic a deadly storm;
And the waves cam o'er the broken ship
Till a' her sides were torn.

'O where will I get a gude sailor
To take my helm in hand,
Till I get up to the tall topmast,
To see if I can spy land.'

'O here am I, a sailor gude,
To take the helm in hand,
Till you go up to the tall topmast;
But I fear you'll ne'er spy land.'

He hadna gane a step, a step,
A step but barely ane,
When a bout flew out of our goodly ship,
And the salt sea it came in.

'Gae, fetch a web o' the silken claith,
Another o' the twine,

And wap them into our ship's side,
And let na the sea come in.

They fetch'd a web o' the silken claith,
Another o' the twine,
And they wapp'd them round that gude
   ship's side,
But still the sea came in.'

O laith, laith, were our gude Scots lords
To weet their cork-heel'd shoon!
But lang or a' the play was play'd,
They wat their hats aboon.

And mony was the feather bed,
That flatter'd on the faem;
And mony was the gude lord's son,
That never mair cam hame.

The ladyes wrang their fingers white,
The maidens tore their hair,
A' for the sake of their true loves,
For them they'll see nae mair.

O lang, lang, may the ladyes sit,
Wi' their fans into their hand,
Before they see Sir Patrick Spens
Come sailing to the strand!

And lang, lang, may the maidens sit,
Wi' their goud kaims in their hair,

A' waiting for their ain dear loves
For them they'll see nae mair.

Half-owre, half-owre to Aberdour,
'Tis fifty fathoms deep;
And there lies gude Sir Patrick Spens,
Wi' the Scots lords at his feet.

THE LAIRD O' COCKPEN

The Laird o' Cockpen, he's proud an' he's great,
His mind is ta'en up wi' things o' the State:
He wanted a wife, his braw house to keep;
But favour wi' wooin' was fashious to seek.

Down by the dyke-side a lady did dwell;
At his table-head he thought she'd look well–
McClish's ae daughter o' Claverse-ha' Lee,
A penniless lass wi' a lang pedigree.

His wig was weel pouther'd and as gude as
    new;
His waistcoat was white, his coat it was blue:
He put on a ring, a sword, and cock'd hat,
And wha could refuse the Laird wi' a' that?

He took the grey mare, and rade cannily,
An' rapp'd at the yett o' Claverse-ha' Lee:
'Gae tell Mistress Jean to come speedily ben,–
She's wanted to speak to the Laird o'
    Cockpen.'

Mistress Jean was makin' the elder-flower
  wine:
'And what brings the Laird at sic a like time?'
She put aff her apron and on her silk goun,
Her mutch wi' red ribbons, and gaed awa
  doun.

An' when she cam' ben he bow'd fu' low;
An' what was his errand he soon let her know.
Amazed was the Laird when the lady said
  'Na';–
And wi' a laigh curtsey she turn'd awa.

Dumbfounder'd was he; nae sigh did he gie,
He mounted his mare, he rade cannily;
And aften he thought as he gaed thro' the glen,
'She's daft to refuse the Laird o' Cockpen!'

Lady Nairne

LOCHINVAR

O young Lochinvar is come out of the west,
Through all the wide Border his steed was
  the best;
And save his good broadsword he weapons had
  none,
He rode all unarmed, and he rode all alone,
So faithful in love, and so dauntless in war,
There never was knight like the young
  Lochinvar.

He staid not for brake, and he stopped not for
  stone,
He swam the Esk river where ford there was
  none;
But ere he alighted at Netherby gate,
The bride had consented, the gallant came late;
For a laggard in love, and a dastard in war,
Was to wed the fair Ellen of brave Lochinvar.

So boldly he entered the Netherby Hall,
Among bride's-men, and kinsmen, and
  brothers, and all:
Then spoke the bride's father, his hand on his
  sword,
(For the poor craven bridegroom said never a
  word,)
'O come ye in peace here, or come ye in
  war,
Or to dance at our bridal, young Lord
  Lochinvar?'

'I long wooed your daughter, my suit you
   denied;
Love swells like the Solway, but ebbs like its
   t i d e –
And now I am come, with this lost love of
   mine,
To lead but one measure, drink one cup of
   wine,
There are maidens in Scotland more lovely by
   far,
That would gladly be bride to the young
   Lochinvar.'

The bride kissed the goblet: the knight took it
   up,
He quaffed off the wine, and he threw down the
   cup,
She looked down to blush, and she looked
   up to sigh,
With a smile on her lips, and a tear in her
   eye,
He took her soft hand, ere her mother could
   bar,
'Now tread we a measure!' said young
   Lochinvar.

So stately his form, and so lovely her face,
That never a hall such a galliard did grace;
While her mother did fret, and her father did
   fume,
And the bridegroom stood dangling his
   bonnet and plume

And the bride-maidens whispered, 'Twere better by far,
To have matched our fair cousin with young Lochinvar.'

One touch to her hand, and one word in her ear,
When they reached the hall-door, and the charger stood near;
So light to the croupe the fair lady he swung,
So light to the saddle before her he sprung!
'She is won! We are gone, over bank, bush, and scaur;
They'll have fleet steeds that follow,' quoth young Lochinvar.

There was mounting 'mong Graemes of the Netherby clan;
Forsters, Fenwicks, and Musgraves, they rode and they ran;
There was racing and chasing on Cannobie Lee,
But the lost bride of Netherby ne'er did they see.
So daring in love, and dauntless in war,
Have we e'er heard of gallant like young Lochinvar?

Sir Walter Scott

KATIE BEARDIE

Katie Beardie had a coo,
Black an' white about the mou';
Wasna that a dentie coo?
Dance, Katie Beardie!

Katie Beardie had a hen,
Cackled but an' cackled ben;
Wasna that a dentie hen?
Dance, Katie Beardie!

Katie Beardie had a cock
That could spin a guid tow rock;
Wasna that a dentie cock?
Dance, Katie Beardie!

Katie Beardie had a grice,
It could skate upon the ice;
Wasna that a dentie grice?
Dance, Katie Beardie!

Katie Beardie had a wean
That was a' her lovin' ain;
Wasna that a dentie wean?
Dance, Katie Beardie!

AIKEN DRUM

There came a man to oor toun,
To oor toun, to oor toun,
O a strange man came to oor toun,
And they called him Aiken Drum.

CHORUS
And he played upon a ladle,
A ladle, a ladle,
And he played upon a ladle,
And his name was Aiken Drum.

O his coat was made o' the guid roast beef,
The guid roast beef, the guid roast beef,
O his coat was made o' the guid roast beef,
And his name was Aiken Drum.

And his breeks were made o' the haggis bags,
The haggis bags, the haggis bags,
O his breeks were made o' the haggis bags,
And they called him Aiken Drum.

And his buttons were made o' the bawbee baps,
The bawbee baps, the bawbee baps,
O his buttons were made o' the bawbee baps,
And his name was Aiken Drum.

AN ADRESS [ADDRESS] TO MY FATHER WHEN HE CAME TO EDINBURGH

My father from Kercaldy ca[me]
But not to plunder or to game
Gameing he shuns I am very surre
For he has a hart that is very pure
Honest & well behaved is he
And busy as a little Bee

Marjory Fleming

THE PIPER O DUNDEE

An wasna he a roguey,
A roguey, a roguey,
An wasna he a roguey,
The piper o Dundee?

The piper cam to oor toun,
To oor toun, to oor toun,
The piper cam to oor toun,
An he played bonnilie.
He played a spring the laird to please,
A spring brent new frae yont the seas;
An then he gaed his bags a heeze,
An played anither key.

He played 'The welcome owre the main',
An 'Ye'se be fou and I'se be fain',
An 'Auld Stuarts back again',
Wi muckle mirth and glee.
He played 'The Kirk', he played 'The Quier',
'The Mullin Dhu', and 'Chevalier',
And 'Lang awa, but welcome here',
Sae sweet, sae bonnilie.

It's some gats words, and some gats nane,
And some were dancing wud their lane,
An mony a vow o weir was taen
That night at Amulrie!
There was Tullibardine an Burleigh,
An Struan, Keith an Ogilvie,
An brave Carnegie, wha but he,
The piper o Dundee?

JOHNNIE SMITH, MY FALLA FINE

'Johnnie Smith, my falla fine,
Can ye shoe this horse o' mine?'
'Weel I wat, an' that I can,
Jest as weel as ony man.

'Put a bittie on a tae,
Gars a horsie spur a brae;
Put a bittie on a heel
Gars a horsie trot weel.

'Gin ye're for the Hieland road
Ye maun hae yer beast weel shod;
An' I'm the man can do it weel,
Wi' best o' airn an' o' steel.

'Wha like me can drive a nail,
Dress a beast, an' busk his tail?
Nane in a' the country roun'
Like Johnnie Smith o' Turra toun.'

'The road is far I hae to ride,
Frae Turra toun tae Gelder side;
But gin ye're canny wi' my mear,
I will roose ye far an' near.'

'Ye may roose me as ye like,
To Hieland laird or tinkler tyke;
But five white shillin's is my fee;
Gin it please ye we will gree.'

'Gree, my man! 'tween you an' me
There sall never be a plea;
Wha wad grudge to pay a croun
To Johnnie Smith o' Turra toun?'

Johnnie shod my mear richt weel,
Tipp'd ilk shoe wi' bits o' steel
An' ere the sun gaed doun that nicht,
I saw Balmoral's towers in sicht.

Hurrah! the Smith o' Turra toun,
Tho' a gey camstairie loun,
Nane like him can drive a nail,
Pare a hoof, or busk a tail.

Robert Grant

LONG AGO

IN THE DAYS OF
NEBUCHADNEZZAR

Jehoiachin was eight years old when he began to reign, and he reigned three months and ten days in Jerusalem: and he did that which was evil in the sight of the Lord.—2 Chronicles xxxvi. 9.

A king ance ruled in Israel,
But whatna king was he?
No 'eident, like a mensefu' scribe,
Nor douce, like Pharisee.
For he was but a wean this king,
An' fain would flee a kite,
Or play at bools, or treel a girr
Like some wee Ishmaelite.

He couldna thole his cooncillors,
An' grat to wear a croon.
He aye sat fidgin' on his throne
When elders gethered roon'.
On Sawbath whiles the royal pew
Within the tabernacle
Was tume, while he jinked doon the burn
Wi' rod an' fishin'-tackle.

The high priest flytit him gey sair,
The prophets garred him grue
Wi' tales o' doom that he jaloused
Micht vera weel come true;
But, still an' on, the lad was thrawn,
An' de'il a haet he steered;
The michty men o' valour lauched,
Weel pleased he wasna feared.

But, when the captains o' the hosts
Said: 'He is but a bairn;
He's daein' fine; ye canna rule
Yer king wi' rod o' airn,'
The priests, the scribes an' Pharisees
Juist pit their pows thegither
An' clypit on him to King Neb–
An' faith! he didna swither

But ordered oot his chariots
An' yokit for a flittin',
An' brocht the lad to Babylon,
As chroniclers ha'e written.
The wee king lost his throne an' a',
His coort went tapselteerie;
But weel he likit Babylon
Whaur he could spin a peerie.

W. D. Cocker

THE LAMPLICHTER

Jenny wi' the bairnie sits
In the firelicht cheery;
Ower the toun the gloamin' fa's,
Sune they'll licht the leerie.
By the winda wi' the wean
Syne a sang she's hummin':
'Leerie, leerie, licht the lamp;
See the leerie comin'.'

Watch the bairn's expectant een
Dancin' tae that measure;
This the show that's nichtly play'd
For his special pleasure.
Keekin' frae his royal throne
Doon the dark street eerie,
First he sees the distant blink:
'Mammy, here's the leerie.'

Cairryin' his magic wand,
Like a sceptre beamin',
Up the street the leerie comes;
A' the lamps are gleamin'.
Noo he's roun' the corner gane;
Bairnie's een grow bleary;
Ay, it's time for baw-baw noo
When they've lit the leerie.

W. D. Cocker

SALUTE TO THE MANTUAN

O gouden was the Whinnie Brae
I wandered as a bairn,
But I sawna the gowan there,
I sawna the fern.
The ae leaf I gliskit
In the mornins dule
Was in the wee Latin buik
The hale mile tae schule.

And daunderin' doon the brae hame
Wi' Vergil in my loof
Troy warked sae greatly in my wame,
Tae pit it tae the proof
I wad hae made a wudden horse
Oot o' ilk aiken tree,
And cut the rowans intae spears
For sake o' chivalrie.

Lewis Spence

THE WHISTLE

He cut a sappy sucker from the muckle
  rodden-tree,
He trimmed it, an' he wet it, an' he thumped
  it on his knee;
He never heard the teuchat when the harrow
  broke her eggs
He missed the craggit heron nabbin'
  puddocks in the seggs,
He forgot to hound the collie at the cattle
  when they strayed,
But you should hae seen the whistle that the
  wee herd made.

He wheepled on't at mornin' an' he tweetled
  on't at nicht,
He puffed his freckled cheeks until his nose
  sank oot o' sicht,
The kye were late for milkin' when he piped
  them up the closs,
The kitlins got his supper syne, an' he was
  beddit boss;
But he cared na doit nor docken what they
  did or thocht or said,
There was comfort in the whistle that the wee
  herd made.

For lyin' lang o' mornin's he had clawed the
  caup for weeks,
But noo he had his bonnet on afore the lave
  had breeks;

He was whistlin' to the porridge that were
hott'rin' on the fire,
He was whistlin' ower the travise to the
baillie in the byre;
Nae a blackbird nor a mavis, that hae pipin'
for their trade,
Was a marrow for the whistle that the wee herd
made.

He played a march to battle, it cam' dirlin'
through the mist,
Till the halflin squared his shou'ders an'
made up his mind to 'list;
He tried a spring for wooers, though he
wistna what it meant,
But the kitchen-lass was lauchin' an' he
thocht she maybe kent;
He got ream an' buttered bannocks for the
lovin' lilt he played.
Wasna that a cheery whistle that the wee herd
made?

He blew them rants sae lively, schottisches,
reels, an' jigs,
The foalie flang his muckle legs an' capered
ower the rigs,
The grey-tailed futt'rat bobbit oot to hear his
ain strathspey,
The bawd cam' loupin' through the corn to
'Clean Pease Strae';
The feet o' ilka man an' beast gat youkie when
he played–

Hae ye ever heard o' whistle like the wee
  herd made?

But the snaw it stopped the herdin' an' the
  winter brocht him dool,
When in spite o' hacks an' chilblains he was
  shod again for school;
He couldna sough the catechis nor pipe the
  rule o' three,
He was keepit in an' lickit when the ither loons
  got free;
But he aften played the truant—'twas the
  only thing he played,
For the maister brunt the whistle that the wee
  herd made!

Charles Murray

PICTURES IN THE FIRE

Pit oot the licht, I'll sit alane,
The peat fire glow is a' I need
Pictures noo without a frame,
They're a' here mirrored in my heid.

A country school–bairns walkin' miles
(Thae days we hadna even bikes!)
A gird tae rin ahin, an' whiles
A sledge fin winter filled the dykes.

Lang simmer days wi' barfit feet
Parks o' stooks an' wee hairst mice
A wild floo'er carpet, made complete,
Oor ain wee world ca'ed paradise.

A clockin' hen wi' a' her brood
Gings cluckin' roon an' scrapin' sair,
A feathered 'mum' but jist as prood,
Her day's her ain–she's free as air.

Ah weel–a bairn's life noo-adays
tae mine bears nae resemblance
But amang the gifts the guid Lord gies
There's ane he ca'ed remembrance.

S. Winchester

FREE BOOTS

Oft time I view my childhood days
Through years that bridge the gap
An' see my parish boots
Wi' the twa holes at the tap.

The parish mannie o' that time
Wid lang be deid an' gone
But swear I will that pair o' boots
Could still be hangin' on.

For weel I mind he says to me
'They'll last ye a' yer life
An' serve ye good an' be tae you
As faithful as a wife.'

They gave me a lift that day
An' took me aff the grun
Wi' near three hunner tackets
An' they felt like half a ton.

But oh! boy they were beezers
An' I'd wait 'til it wis dark
Ta skite them on the causie steens
An' thrill tae see the spark.

Ye can speak o' faithful servants
Wha wid come tae your defence
Well those that felt the force o' them
Wid nae hae sit doon since.

The toffs' kids had a swagger
Wi' their cricket bat an' cap
An' they'd snub me 'cause I'd parish boots
Wi' twa holes at the tap.

But nae doot there's some amongst them
Finished up much worse than me
An' would gladly trade their high horse
For a pair o' boots that's free.

Douglas Barber

GREE, BAIRNIES, GREE

The moon has rowed her in a cloud,
Stravagin wins begin
To shuggle and daud the window-brods,
Like loons that would be in!
Gae whistle a tune in the lum-head,
Or craik in saughen tree!
We're thankfu for a cozie hame–
Sae gree, my bairnies, gree!

Tho gurglin blasts may dourly blaw,
A rousin fire will thow
A straggler's taes, and keep fu cosh
My tousie taps-o-tow.
O wha would cool your kail, my bairns,
Or bake your bread like me,
Ye'd get the bit frae out my mouth,
Sae gree, my bairnies, gree!

William Miller

79

THE SAIR FINGER

You've hurt your finger? Puir wee man!
Your pinkie? Deary me!
Noo, juist you haud it that wey till
I get my specs and see!

My, so it is—and there's the skelf!
Noo, dinna greet nae mair.
See there—my needle's gotten't out!
I'm sure that wasna sair?

And noo, to make it hale the morn,
Put on a wee bit saw,
And tie a bonnie hankie roun't–
Noo, there na–rin awa'!

Your finger sair ana'? Ye rogue,
Ye're only lettin' on!
Weel, weel, then–see noo, there ye are,
Row'd up the same as John!

Walter Wingate

THE BOY IN THE TRAIN

Whit wey does the engine say *Toot-toot*?
Is it feart to gang in the tunnel?
Whit wey is the furnace no pit oot
When the rain gangs doon the funnel?
What'll I hae for my tea the nicht?
A herrin', or maybe a haddie?
Has Gran'ma gotten electric licht?
Is the next stop Kirkcaddy?

There's a hoodie-craw on yon turnip-raw!
An' sea-gulls!–sax or seeven.
I'll no fa' oot o' the windae, Maw,
It's sneckit, as sure as I'm leevin'.
We're into the tunnel! we're a'in the dark!
But danna be frichtit, Daddy,
We'll sune be comin' to Beveridge Park,
And the next stop's Kirkcaddy!

Is yon the mune I see in the sky?
It's awfu' wee an' curly.
See! there's a coo and a cauf ootbye,
An' a lassie pu'in' a hurly!
He's chackit the tickets and gien them back,
Sae gie me my ain yin, Daddy.
Lift doon the bag frae the luggage rack,
For the next stop's Kirkcaddy!

There's a gey wheen boats at the harbour mou',
And eh! dae ye see the cruisers?
The cinnamon drop I was sookin' the noo
Has tummelt an' stuck tae ma troosers...

I'll sune be ringin' ma Gran'ma's bell,
She'll cry, 'Come ben, my laddie.'
For I ken mysel' by the queer-like smell
That the next stop's Kirkcaddy!

M. C. Smith

WORDS & WIT

SANDY, LEND ME YOUR MILL

'Sandy,' quo he, 'lend me yer mill,'
'Sandy,' quo he, 'lend me yer mill,'
'Sandy,' quo he, 'lend me yer mill,'
'Lend me yer mill,' quo Sandy.

Sandy lent the man his mill,
And the man gat a len o' Sandy's mill,
And the mill that was lent was Sandy's mill,
And the mill belanged tae Sandy.

A–LEARY!

A zeenty teenty timmourie fell,
A clover leaf, a heather bell;
A zeenty teenty haligalum,
A Japanee chrysanthemum;
A zeenty teenty lillabulu,
Forget-me-not an I'll be true.

Sandy Thomas Ross

FISHERMAN'S SONG

O blithely shines the bonnie sun
Upon the Isle o May,
And blithely rolls the morning tide
Into St Andrews bay.

When haddocks leave the Firth o Forth,
And mussels leave the shore,
When oysters climb up Berwick Law,
We'll go to sea no more,
No more,
We'll go to sea no more.

COULTER'S CANDY

Ally, bally, ally bally bee,
Sittin' on yer mammy's knee,
Greetin' for anither bawbee,
Tae buy mair Coulter's candy.

Ally, bally, ally bally bee,
When you grow up you'll go to sea,
Makin' pennies for your daddy an me,
Tae buy mair Coulter's candy.

HISH-HASH

A plowster, a guddle,
A plaister, a puddle,
A bummle, a rummle,
Jist see hoo they jummle.

A scutter, a skitter,
A gutter, a gitter,
Heeliegoleerie
Tapsalteerie!

*(These are words from different
parts of Scotland. They describe the
same thing–a muddle).*

TAMMY TITMOOSE

Tammy Tammy Titmoose,
Lay an egg in ilka hoose,
Ane for you and ane for me,
And ane for Tammy Titmoose.

THE COMING OF THE WEE MALKIES

Whit'll ye dae when the wee Malkies come,
if they dreep doon affy the wash-hoose dyke,
an pit the hems oan the sterr-heid light,
an play wee heidies oan the clean close-wa,
an blooter yir windae in wi the baw,
missis, whit'll ye dae?

Whit'll ye dae when the wee Malkies come,
if they chap yir door and choke yir drains,
an caw the feet fae yir sapsy weans,
an tummle thur wulkies through yir sheets,
an tim thur ashes oot in the street,
missis, whit'll ye dae?

Whit'll ye dae when the wee Malkies come,
if they chuck thur screwtaps doon the pan,
an stick the heid oan the sanit'ry man;
when ye hear thum shauchlin doon yir loaby,
chantin, 'Wee Malkies–the gemme's a bogey!'
Haw, missis, whit'll ye dae?

Stephen Mulrine   90

NIGHT TIME

WILLIE WINKIE

Wee Willie Winkie rins through the toun,
Upstairs and doonstairs in his nicht-
  goun,
Tirlin' at the window, cryin' at the lock,
'Are the weans in their bed, for it's noo ten
  o'clock?'

'Hey, Willie Winkie, are ye comin' ben?
The cat's singin' grey thrums to the sleepin'
  hen,
The dog's spelder'd on the floor, and disna
  gi'e a cheep,
But here's a waukrife laddie that winna fa'
  asleep!'

Onything but sleep, you rogue! glow'ring like
  the mune,
Rattlin' in an airn jug wi' an airn spune,
Rumblin', tumblin' round about, crawin' like
  a cock,
Skirlin' like a kenna-what, wauk'nin' sleepin'
  fock.

'Hey, Willie Winkie–the wean's in a creel!
Wambling aff a bodie's knee like a verra
  eel,
Ruggin' at the cat's lug, and ravelin' a' her
  thrums–
Hey, Willie Winkie–see, there he comes!'

Wearit is the mither that has a stoorie wean,
A wee stumpie stoussie, that canna rin his
  lane,
That has a battle aye wi' sleep before he'll
  close an ee–
But a kiss frae aff his rosy lips gies strength
  anew to me.

William Miller

CUDDLE DOON

The bairnies cuddle doon at nicht
Wi' muckle faught an' din
'Oh try an' sleep, ye waukrife rogues,
Your faither's comin' in.'
They niver heed a word I speak
I try tae gie a froon,
But aye I hap' them up an' cry
'Oh, bairnies, cuddle doon!'

Wee Jamie wi' the curly heid
He aye sleeps next the wa',
Bangs up and cries, 'I want a piece!'
The rascal starts them a'.
I rin an' fetch them pieces, drinks,
They stop a wee the soun',
Then draw the blankets up an' cry,
'Noo, weanies, cuddle doon.'

But ere five minutes gang, wee Rab
Cries oot frae neath the claes,
'Mither, mak' Tam gie ower at aince,
He's kittlin' wi' his taes.'
The mischief in that Tam for tricks
He'd bother half the toon,
But aye I hap them up an' cry,
'Oh, bairnies, cuddle doon.'

At length they hear their faither's fit
An' as he steeks the door,
They turn their faces tae the wa'
An Tam pretends tae snore.
'Hae a' the weans been gude?' he asks,
As he pits aff his shoon.
'The bairnies, John, are in their beds
An' lang since cuddled doon!'

An' just afore we bed oorsel's
We look at oor wee lambs,
Tam has his airm roun' wee Rab's neck
An' Rab his airm roun' Tam's.
I lift wee Jamie up the bed
An' as I straik each croon,
I whisper till my heart fills up:
'Oh bairnies, cuddle doon.'

The bairnies cuddle doon at nicht
Wi' mirth that's dear to me.
But soon the big warl's cark an' care
Will quaten doon their glee.
Yet come what will to ilka ane
May He who rules aboon,
Aye whisper though their pows be bald
'Oh, bairnies, cuddle doon.'

Alexander Anderson

SLEEP WEEL

Sleep weel, my bairnie, sleep.
The lang, lang shadows creep,
The fairies play on the munelicht brae
An' the stars are on the deep.

The auld wife sits her lane
Ayont the cauld hearth-stane,
An' the win' comes doon wi' an eerie croon
To hush my bonny wean.

The bogie man's awa',
The *dancers* rise an fa',
An' the howlet's cry frae the bour-tree high
Comes through the mossy shaw.

Sleep weel, my bairnie, sleep.
The lang, lang shadows creep,
The fairies play on the munelicht brae
An' the stars are on the deep.

Murdoch Maclean

THE WEE CROODLIN DOO

Will ye no fa asleep the nicht,
Ye restless little loon?
The sun has lang been oot o sicht,
An gloamin's darknin doon!
There's claes to mend, the house to clean–
This nicht I'll no win through,
An yet ye winna close yer een–
Ye wee croodlin doo!

Spurrin wi yer restless feet,
My very legs are sair,
Clautin wi yer buffy hands,
Touslin mammy's hair!
I've gien ye meat wi sugar sweet,
Yer little crappie's fu!
Cuddle doon, ye stoorie loon–
Ye wee croodlin doo!

Now, hushaba, my little pet,
Ye've a the warld can gie;
Ye're just yer mammy's lammie yet,
An daddy's tae ee!
Will ye never close yer een?
There's the bogle-boo!
Ye dinna care a single preen,
Ye wee croodlin doo!

Twistin roun an roun again,
Warslin aff my lap,
An pussy on the hearthstane,
As soun as ony tap!
Dickie birdie gane to rest–
A asleep but you,
Nestle in to mammy's breast,
Ye wee croodlin doo!

Happit cosy, trig, an sweet,
Fifty bairns are waur,
An ye'se get fotties for yer feet
At the Big Bazaar!
An ye shall hae a hoodie braw,
To busk yer bonnie bro o , –
'Cockle shells an silver bells,'
My wee croodlin doo!

Gude be praised, the battle's by,
An sleep has won at last,
How still the puddlin feeties lie,
The buffy hands at rest!
An saftly fas the silken fringe
Aboon thy een o blue;
Blessins on my bonnie bairn–
My wee croodlin doo!

James Thomson

OH, MY DEIR HERT!

Oh my deir hert, young Jesus sweit,
Prepare thy creddil in my spreit,
And I sall rock thee in my hert,
And never mair from thee depart.

But I sall praise thee evermoir,
With sangis sweit unto thy gloir;
The knees of my heirt sall I bow,
And sing that richt Balulalow!

YOUNG WRITERS

FAMEELIAR SENSE

The haar snooves ower the hoddit toun's boundraes,
makin the glintin lichts intae clooded jesps.
gein aff mair than
jist a licht, a fameeliar sense.
Jist by luikin at the glazie colours, ye see it
aa different, wi mair
easement.

The hameart stane houses turn intae bonnie
ferlies, ilka neuk
founds a speeshal saicret, showin fantasy an
myth.
A mirksome chaumer aince dreich an
smeerless, nou hides
bogles an banshees, jiggin tae their
lanesome skirls.

Shadows wunner uisless alang the auld
causeys; a souch o wind
maks mane amang them.
The haar creeps on, through every close an
wynd, sowpin up the
hinmaist flecks o licht, an turns them intae
cowerin mirk.

The lest chirps o speugs an stirlins dwyne
awa, an panthers
prowl, gairds o the gloom.
The causey-stanes glisk bricht an snell,
skinklan like a loch.
Dreid is in the air, yet we are sauf.

The noise dies doun, the haar rowes forrart
but yet the jesps
glowe on.

Maeve Gilchrist

STOIRM (STORM)

Feasgar geamhraidh
Dorcha gruamach
Le stoirm a' bagairt
Tha fuaim ag eirigh.
Iasgairean a' stri
Ri fearg na fairge
A' deanamh air cala
Is tearainteachd.
Dealanaich a' reubadh
Chraobhan à freumhan
Tartaraich an torainn
Ga mo chlisgeadh.
Ach lasaich an stoirm
Tha neart air falbh
Ach dh'fhag i a làrach
Air an àite gu lèir
Feamainn na tràghad
Sgaoilt' air an rathad
Agus craobhan rùisgte
Le geugan briste.
A-nis tha a' ghailleann na tosd
O cha toigh leam an stoirm.

Rona Wilkie

(On a dark and gloomy winter's afternoon a storm gathers and the wind is rising. Fishermen battle against the wrath of the sea as they head for port and safety. Lightning rips trees from their roots and the clashing of thunder startles me. But the storm abates and its strength is drained but it has left its mark everywhere. The seaweed of the beach is strewn on the road and trees are bare, their branches broken. The storm is silenced. I don't like storms.)

FAE THE AIPPLE

A wean comes skytin' in,
Dings the plug an' hauds oan, crabbit.
Ah'm no goin fast enough.
Ah groan an' heave a sigh then ma face
  lichts up–
An so dis his.
Noo Ah huv a gem schrauchling roon ma
  heid.
Wi' skeech fingers pokin' at ma
  keyboard.
He bawls 'Jings!' as his wee car wheechs
  aff the track.
As if Ah hudnae been woken up frae ma
  kip,
Ah'm jist switched aff again.

Noo, it's the mither!
Ah'm bein' skelped oan fur anither go,
She opens ma mooth and shoves CD
  doon ma craw.
This is mair like it, but.
It's tae America and the like
Ower the Internet.
We're bletherin tae sumdy frae New
  York.
Ach, Ah kent it widnae last,
She's asked me tae boak it back up!
She's got tae finish peelin' the tatties.

Tied to the wa'
Ben the back room,
Sookin electricity,
Ah taigle them a' fae their daily darg.
Ah hud in ma box an ither world.

Katie Dunn

GLOSSARY

A

aboon–above
a e–one
agley–wrong
ahin–behind
aipple–apple
airn–iron
aiken tree–an oak tree
alake–alas
ana'–as well
ane–one
asklent–askance
atweel–I know well
aucht–to own
ava'–at all

B

baillie–the person in charge of the cows on a farm
balulalow–the song of a mother to her baby
banes–bones
banshees–female spirits
bap–a bread roll
bawbee–a halfpenny; a small coin
bawd–a hare
ben–towards the best part of the house
bent–coarse grass
birlin'–spinning around, twirling
bit frae out my mouth–the food out of my mouth
blitter–the common snipe
boak–to vomit
boggie–a bog
bogie (the gem's a bogie)–a call to cancel a game and start again
bogles–a ghost, scarecrow
bools–marbles
boss–empty, hungry
bour-tree–an elder tree
bout–a belt
braid–large and folded
brattle–a sudden start
breekies–trousers
brent-new–newly bought
bret an' smeer–bread and anything spread on bread
broon–brown
buffy–chubby
buke–a book
bummle–a mess
busk–to dress, adorn
but–without
but and ben–backwards and forwards, to and fro
byke–a wasp's nest
byre–a cowshed

C

cadger–a travelling dealer, esp. in fish
camstairie–wild, unruly
cannily–carefully
cark–care
carle doddies–stalks of rib-grass; plantains

catechis–the Shorter
Catechism (which
children had to learn at
school long ago)
cater-cousins–not
relatives, but people
who are close to one
another
cauf–a calf
caul–cold
caup–a wooden cup or
bowl
causie, causey–a street,
esp. one paved
chackit–checked
chap– to knock at
chaumer–a chamber
chookie/chuckie–a chicken
claikin–gossiping
claith–cloth
clash-pie–tell-tale
clautin–clutching
clawed the caup–cleaned
the bowl (the last
person up in the
morning had to clean
the porridge bowl)
clish-ma-claivers–idle
talk
clockin' hen–a broody
hen
clok-leddy–a ladybird
close–an alley
closs–an enclosure,
passage
clout–a cloth, rag
clype–to tell tales

coble–a rowing boat
used esp. in salmon
fishing
corbie–the raven, crow
cosh–cosy
cowrin'–crouching
cowt–a colt
crabbit–cross, bad-
tempered
craggit–long-necked
craik–to creak
cranreuch–hoar frost
crappie–the stomach
craw–a bird's crop
creddil–a cradle
creel–a basket
croodlin' doo–a term of
affection used to a
child
cuddie–a donkey, horse

D
daimen icker–an odd ear
of corn
dancers–aurora borealis
(northern lights)
daud–to strike
daw–the dawn
deer–a kind of mealy
pudding
de'il a haet–devil a bit
dentie–dainty
deuk (verb)– to duck
deuk–a duck
ding–to knock, beat or
strike with heavy
blows

112

dird–a hard knock
dirlin'–vibrating
docken–something of no value
doit–something of little value
doo–a dove
dool–sorrow, distress
douce–gentle, sedate
dreep–to drip
dreich–dull, bleak
dule–sorrow, distress
dunt–a bump, knock (with a dull sound)
dwyne awa'–to fade away
dyke–a stone wall

E

easement–personal comfort
echt–eight
een–one
eident–diligent
eldern–elderly
ettercarp–the spider

F

faem–foam
fashious–troublesome
Fastern's Een–Shrove Tuesday
fauld–to fold
faur–far
feart–afraid
ferlies–marvels
flatter'd–floated
flee–to fly

flichterin (of birds)–fluttering
flytit–scolded
foggage–coarse grass
forkie–forked
forkytail–earwig
fotties–footless stockings
futt'rat–the weasel

G

gaird–to guard
gairy-bee–the black and yellow striped bee
game–to suffice
gem–a game
gie's oor Hogmanay–give us something to eat to celebrate Hogmanay
gie owre–give up
gif/gin–if
gitter, gutter–a muddle, a mess
glazie–shining like glass
glisk–a gleam, to gleam
gliskit–caught a glimpse of
glower–to scowl
goud–gold, money
gowan–a daisy
gree–to agree
greet–to cry: *grat*–cried
grice–a young pig
grie–a prize
grue–to shudder with fear or disgust
grumph–to grunt, a grunt

guddle–a mess, muddle
guidwife–a wife, the mistress of the house
gurglin'–howling
gurly–stormy

H
haar–cold mist or fog, esp. a sea mist on the East coast
hacks–cracks in the skin
haddie–a haddock
haik–to tramp or wander about
hairst–harvest
hald–a dwelling
halflin–a half-grown lad
half-fou–half a bushel (an old measure of weight)
hameart–homely
hane–to keep from harm
hantle–a large number
haun–a hand
heeligoleerie–topsy-turvy, in a confused state
heeze–to lift up
heichest–highest
heidies–(in ball games) headers
hicht–height
hinmaist–last
hish-hash–a muddle, confusion
hoddit–hidden

hoggie–a lamb
hoodie-craw–hooded or carrion crow
hornie-golloch–an earwig
howkin'–digging
hurly–a small hand-cart

I
ilka–every

J
jabber–to chatter
Jacobite Charlie–Prince Charles Edward (Bonnie Prince Charlie)
jalouse–to suspect
jesp–a crack, a gap or fault in a weave; a seam in clothes
jiggin'–dancing
jimp–dainty
jinkin'–dodging, moving quickly
joukin'–dodging
jummle–to confuse, muddle

K
kaim–a comb
keckle–to cackle
keekit–looked
Kercaldy–Kirkcaldy
kittlin'–tickling
kringlik–a tickling feeling in the hand
kye–cows

L

laigh–low
laith–loath
lane–alone (*thy lane*–on your own)
lang or–long before
lap–leapt, sprang
lave–what's left; the rest
lease/leese-me-on–an expression of pleasure, I prefer
lee-lang–live-long
leerie–a lamplighter (long ago)
lettin' on–pretending
linn–a waterfall
lichtsome–cheerful, light-hearted
lift–the sky
loof, luif–palm of the hand
loon–1. boy 2. rascal
loupin'–leaping
lowe–a fire
lug–an ear
lum–a chimney

M

maist–almost
maks mane–moans
marrow–a match, equal
mavis–the song thrush
maw–mother
mear–a mare
meen–the moon
mensefu'–respectable
merry-ma-tanzie–the refrain of a singing game

midden–a dunghill or refuse heap
minchmeat–mincemeat
minnie, minno–pet name for mother
mirk–darkness
mirksome–dark
mischanter–misfortune
moo–a mouth
moose–a mouse
mowdiewarp–a mole
muckle–big
muir–moor
mutch–a woman's cap

N

nabbin'–catching
nae mae–no more
neep–a turnip
neist–next
nicher–to neigh
nieve–a fist
nyurd–purred

O

oo'–wool
orraman–a person who does odd jobs, esp. on a farm
ower–over
oxee–the blue-tit

P

park–a grass field
pattle–a small spade used for cleaning a plough

peerie–a top
Pess–Easter
pinkie–the little finger
pirlin'–spinning, whirling round
plaister–a mess, shambles
ploo–a plough
plowster–a mess, shambles
pouthered–powdered
pow–the head
pree–to try out
preen–a pin
puddle–a mess, muddle, confusion
puddock–a frog
pyke–to pick

R

rant–a quick, lively tune
rattlestanes–hailstones
ravelin'–tangling
ream–cream
red doup–a kind of bumble bee
richt–right
rig–field; part of a field
rodden tree–the mountain ash
roose–to praise
rout roar
row–to wrap
rowe down–to roll down
rowed–wrapped
ruggin'–tugging
rule of three–Rule of Three, a mathematical formula children had to learn long ago

S

sapsy–soft
sauf–safe
saughen tree–the willow tree
saw–ointment
scart–to scratch
scartin'–scratching, scraping
scaur–a cliff
schrauchle–to scramble
sclate–a slate
scroggie–scrubby
scutter–someone who works in a muddled way
seceder–someone who withdraws from an organisation (here, the Church of Scotland)
seggs–the yellow iris; reeds
shaw–grove, flat piece of ground at the foot of a hill
sheer–meat or vegetables cut up very finely
shin/shoon–shoes
shuggle–to shake
sic–such
siller–money
silly–feeble

skeech–timid
skeely–skilful
skelf–a splinter of wood
skeppie bee–the honey bee
skiff–to skim, move lightly
skinklan–shining
skirls–screams, shrill cries
skirlin'–screaming
skitter–a mess, dirt
skytin'–slipping
slae–slow
sma'–small
smeer–a thin layer of something spread
smeerless–uninteresting
sneckit–fastened securely
snell–bitter, severe, hard
snoove–to move slowly and steadily
sookin'–sucking
soople–crafty, cunning
soople Ta m–a top (a child's toy)
souch–the sighing sound of the wind
sough–to hum, sigh
sowpin' up–soaking up
speer–to ask
speldered–spread out
speug–the sparrow
splairge–to splash: a splash of mud
spreit–spirit

spring–a lively dance
spurrin'–kicking
stane–a stone
steek–to close, fasten
stibble–stubble
stirlin–the starling
stook–a number of sheaves of corn, cut and set up to dry
stoorie–stirring
stottin'–bouncing
stoussie–strong (of a child)
straik–to stroke
stravagin'–wandering
stumpie–short
swither–to be undecided, to doubt

T

tackets–nails on sole of boots
taigle–to tangle, muddle
tailie–a tail
tak–to take
tak tent–to be careful
tapsalteerie–muddled
teuchat–the peewit
thairms–intestines
thole–to endure
thrave–twenty-four sheaves of corn
thrawn–stubborn
thrums–threads (*sing grey thrums*–to purr)
tirlin–1. rattling to attract attention 2. spinning, rolling

tod–a fox
toddler-tyke–a kind of
   bumble bee
tousie taps-o-tow–
   shaggy-haired children
tow rock–flax-distaff
travise–a division
   between stalls in a
   cowshed
treel a girr–to trundle a
   hoop (a child's toy)
trig–trim; smart
tume–empty
tummlin'–tumbling

V
vogie–1. happy, cheerful
   2. vain

W
wab–a web
waddin–a wedding
wae–sad
wame–stomach (or
   sometimes, poetically,
   heart)
wamblin'–wriggling
wamphled–wriggled
wapp'd–wrapped
warslin'–struggling
waukrife–wakeful
weel's-me-on–blessings
   on
weir–war
whummlin'–falling
   suddenly
whurlin'–whirling

win'–wind
win past–to overtake
win through–to get
   through (work)
window-brods–shutters
windy sole–a window
   sill
wrang–wrong
wunnock–a window
wye–way
wyver–a spider

Y
yett–gate
youkie–itchy
Yule–Christmas